La ballade de Vipérine

Catalogage avant publication de Bibliothèque et Archives nationales du Québec
et Bibliothèque et Archives Canada

Brullemans, Pascal, 1971-

La ballade de Vipérine
pour les jeunes de 12 ans et plus.
ISBN 978-2-89579-697-8

I. Thisdale, François, 1964- . II. Titre.

PS8603.R844B34 2015 jC843'.6 C2014-942511-2
PS9603.R844B34 2015

Dépôt légal – Bibliothèque et Archives nationales du Québec, 2015
Bibliothèque et Archives Canada, 2015

Direction éditoriale : Gilda Routy
Révision : Pierre Guénette
Mise en pages et couverture : Interscript
Illustrations : François Thisdale

Nous reconnaissons l'aide financière du gouvernement du Canada par l'entremise du Fonds du livre du Canada (FLC) pour des activités de développement de notre entreprise.

Conseil des Arts du Canada **Canada Council for the Arts**

Bayard Canada Livres inc. remercie le Conseil des Arts du Canada du soutien accordé à son programme d'édition dans le cadre du Programme des subventions globales aux éditeurs.

Cet ouvrage a été publié avec le soutien de la SODEC. Gouvernement du Québec – Programme de crédit d'impôt pour l'édition de livres – Gestion SODEC.

Bayard Canada Livres
4475, rue Frontenac, Montréal (Québec) H2H 2S2
Téléphone : 514 844-2111 ou 1 866 844-2111
edition@bayardcanada.com
bayardlivres.ca

Imprimé au Canada

PASCAL **BRULLEMANS**
Illustrations de **François Thisdale**

La ballade de Vipérine

Bayard
CANADA

Prologue

Je ne sais pas si vous avez remarqué,

mais les embêtements arrivent souvent

bien avant le début des histoires.

Cette histoire-ci ne fait pas exception,

car bien avant que l'on puisse dire :

Il était une fois une petite fille
qui s'appelait Vipérine...

Il y a eu Fée, sa sœur aînée, avec...

la maladie,

les traitements,

les rémissions,

les rechutes.

Il y a eu la chambre d'hôpital,

où elle passa ses derniers jours,

entourée de machines qui faisaient des bruits bizarres en dessinant ses signes vitaux.

Mais les signes furent de plus en plus faibles.

Et les machines firent de moins en moins de bruit.

Et finalement,

il y a eu le silence.

Bref, avant l'histoire de Vipérine,

il y a eu la mort de Fée...

Trois années passèrent.

Chapitre un

L'anniversaire manqué

Ce matin-là, Vipérine se réveilla d'une humeur étrange. Dans la vie, il y a parfois des émotions difficiles à décrire. Par exemple, lorsqu'on enfonce le pied dans la boue, c'est répugnant ET amusant. L'humeur de Vipérine était du même ordre, soit un mélange de joie et de deuil. Il faut dire que c'était le jour de son anniversaire et, normalement, elle aurait dû s'en réjouir, mais elle s'était plutôt levée avec un grand poids sur le cœur, et dans la tête une seule idée : « À partir de maintenant, c'est moi la plus grande. »

En se glissant hors du lit, elle regarda la photo de sa sœur, épinglée sur le mur. Cette photo avait été prise le soir de l'Halloween, juste avant le début des traitements. Fée posait dans une robe en mousseline lilas. Malgré la maladie, elle avait l'élégance d'une princesse. Vipérine enviait particulièrement sa chevelure cuivrée nouée par un mince ruban brodé de fleurs bleues. Jetant un coup d'œil dans le miroir, Vipérine aperçut sa tignasse hirsute, ses bras trop maigres et son vieux pyjama troué. Tout semblait lui confirmer qu'elle était l'opposé de Fée.

Déprimée, la jeune fille traîna ses pantoufles jusque dans la cuisine, où son père préparait le petit déjeuner, l'oreille déjà vissée à son portable.

Père : Oui, monsieur, j'ai préparé le contrat. Oui, tout sera prêt pour la rencontre. Oui, je vous l'assure. Le client sera content. Oui, c'est ça... À plus tard !

Coupant la communication, il pivota vers sa fille en agitant les mains, comme un automate.

Père : Allez, allez, on se dépêche !

Vipérine haussa les épaules et remplit son bol de céréales. Quand il était dans cet état, il valait mieux éviter de le contrarier. Il faut dire que la vie de son père tournait beaucoup autour de son travail. Pourtant, il n'aimait pas vraiment l'argent et n'avait pas non plus d'ambition. Seulement, après la mort de Fée, il avait ressenti un vide immense. Ne sachant trop que faire pour le remplir, sitôt les obsèques terminées, il avait appelé au bureau pour savoir si tout allait bien. Son patron lui avait alors demandé quand il pensait reprendre du service. Machinalement, il avait répondu « maintenant », et le vide s'était effacé. Lorsque son père se noyait dans le travail, il n'avait plus besoin de réfléchir, seulement de fonctionner : faire le déjeuner, aller travailler, démarrer l'ordi, sortir un dossier, parler au client, rentrer, souper, zapper, se coucher et recommencer.

Quant à sa mère, c'était une autre histoire. À la suite du décès de Fée, elle avait quitté un emploi qu'elle détestait pour réaliser son rêve : ouvrir une agence de voyages. Depuis, elle passait la majorité de son temps à voyager à travers le monde pour trouver des destinations exotiques, qu'elle vendait en formules tout inclus.

Voilà pourquoi ce matin-là, Vipérine nourrissait peu d'espoir que quelqu'un se souvienne de son anniversaire. Elle soupira en avalant une cuillère débordant de céréales archisucrées, pendant que son père rangeait la cuisine.

Père : J'ai préparé ton lunch. As-tu brossé tes dents ? Est-ce que ton lit est fait ? Va mettre tes souliers. Dépêche-toi un peu. On est en retard !

Vipérine vida son bol dans l'évier et attrapa son sac. Elle se dirigea d'un pas traînant vers la porte, quand son père s'arrêta brusquement.

Père : Oh ! J'allais presque oublier !

Le cœur de Vipérine bondit dans sa poitrine. Un large sourire éclaira son visage.

Vipérine : Qu'est-ce que tu as oublié ?

Père : Notre prière devant l'urne.

Son sourire s'effondra.

Vipérine : Ah non, pas ce matin !

Père : Tu sais bien qu'il faut penser à ta sœur tous les jours.

Vipérine : Mais c'est toi qui as dit qu'on était pressés !

Père : Ne discute pas !

Le ton était sans réplique. Vipérine alla rejoindre son père près du buffet où trônait la petite boîte en métal. L'homme prit la main de sa fille et la posa doucement sur le couvercle de l'urne en murmurant.

Père : Fée, où que tu sois, tu seras toujours avec nous.

Vipérine : On peut s'en aller, maintenant ?

Père : On doit se recueillir, sinon ça ne sert à rien.

Vipérine : On s'est assez recueillis !

Père : Concentre-toi.

Vipérine : Je n'ai pas envie de me concentrer.

Père : Ne sois pas si négative, Violette !

Vipérine : Ne m'appelle pas Violette !

L'homme leva les yeux au ciel, exaspéré.

Père : Je peux comprendre que lorsque l'on devient adolescente, on développe un sentiment de révolte, mais là, on parle de ton nom. Tu ne peux pas le changer. Il faut que tu l'acceptes. Et puis, il y a des choses pires dans la vie. Prends exemple sur ta sœur. Elle a vécu de véritables souffrances et elle a toujours été forte.

Vipérine sentit une émotion comprimer son ventre comme un volcan sur le point d'exploser. Elle baissa la tête pour cacher sa colère. « C'est trop injuste ! » pensa-t-elle. « Si seulement cette boîte pouvait disparaître, je serais enfin débarrassée de ma sœur ! »

Terminant sa prière, son père se dirigea vers la porte, sans remarquer la fureur qui déformait les traits de sa cadette.

Père : Qu'est-ce que tu attends ? On doit partir.

Vipérine : J'ai oublié un truc super important.

Père : Mais on est pressés !

Vipérine : Attends-moi dehors. Je te rejoins tout de suite.

Dès que son père fut sorti, Vipérine s'empara de l'urne.

Vipérine : Aujourd'hui, toi et moi, on va faire une promenade.

La jeune fille cacha la boîte métallique dans son sac et sortit rejoindre son père, qui l'attendait sur le trottoir pour la conduire à l'école.

Assis dans son bureau, le regard plongé dans l'écran de son ordinateur, le père de Vipérine lança l'impression du document qu'il avait préparé. La réunion allait bientôt commencer. Cela lui laissait juste assez de temps pour organiser un souper d'anniversaire. Sa fille avait émis le souhait de manger dans un restaurant au sommet d'une tour pour admirer la ville. Pianotant sur le clavier, il fit une recherche pour effectuer une réservation. « Voyons, si je compte trois amis, les grands-parents, sa tante et sa cousine... » Son patron passa la tête par la porte et jeta un coup d'œil sur l'écran.

Patron : Vous planifiez vos loisirs sur vos heures de travail ?

Père : Euh... C'est pour un anniversaire.

Patron : Je blaguais. Vous avez le contrat ?

Père : L'impression est en court.

Le patron afficha un sourire nerveux.

Patron : Vous savez que nous courons un gros risque en suivant votre stratégie ?

Père : Je vous promets que tout va bien se passer.

Rassuré, le patron disparut. L'horloge indiquait 10 h 30. Il avait juste le temps de terminer la réservation et d'aller préparer la salle de réunion. Si tout se passait comme prévu, il était absolument certain de convaincre le client. Ce contrat allait changer sa vie, et tout redeviendrait comme avant. C'est à ce moment précis que la journée bascula par l'intermédiaire de la sonnerie de son portable. Prenant l'appareil, il consulta l'afficheur qui indiquait un numéro qu'il connaissait trop bien. Pendant un court instant, il chercha une excuse pour se défiler avant de se résoudre à répondre :

Père : Oui, allô.

Directrice : Monsieur Cantin, c'est la directrice de l'école.

Père : Qu'est-ce qu'elle a encore fait ?

Directrice : Elle s'est enfuie ! C'est arrivé pendant la pause. Nous sommes très inquiets. Est-ce qu'elle vous a appelé ?

Paralysé par la nouvelle, le père resta muet. À l'autre bout du fil, la voix de la directrice n'était plus qu'un mince filet.

Directrice : Elle a peut-être... contacté quelqu'un d'autre ?

Père : Sa mère est absente jusqu'à la fin du mois.

Directrice : Je vais devoir prévenir la police ! Je vous appelle dès qu'il y a du nouveau.

Père : Attendez !

La directrice avait déjà raccroché. L'homme resta immobile, sa main tenant toujours l'appareil. Puis, sans réfléchir, il quitta son fauteuil et se mit à courir.

Chapitre deux

La princesse fantôme

Au même moment, Vipérine marchait d'un pas décidé sur le chemin qui menait au fleuve. Déjouer les surveillants pendant la pause avait été un jeu d'enfant. Tout comme prendre l'autobus sur le boulevard en direction du port. « S'enfuir est si facile », pensa-t-elle en s'approchant des quais. Lorsqu'elles étaient petites, sa mère les amenait souvent, Fée et elle, sur la promenade pour savourer une crème glacée en regardant les bateaux qui remontaient la voie fluviale. Après la mort de sa sœur, elle était retournée s'asseoir avec sa mère sur les bancs face au fleuve, mais l'absence avait assombri ce moment au point que même la crème glacée avait un goût différent.

Atteignant les quais, Vipérine appuya son front contre la rambarde et fixa le mouvement des vagues. L'ondulation lui donna le vertige. Instinctivement, sa main se referma sur l'urne cachée dans son sac. Étrangement, ce contact lui redonna des forces.

Vipérine : Ça va, coupez le moteur.

Pardon?

Vipérine : Maintenant qu'on est tout seuls, vous n'êtes plus obligé de dire toutes ces bêtises.

Tu ne veux pas que je raconte ton histoire aux lecteurs?

Vipérine : En quoi ça les regarde ?

Eh bien, puisqu'ils ont choisi de lire ce livre, et que je suis ton narrateur, je dois leur raconter tes aventures.

Vipérine : Quelles aventures ?

J'imagine qu'il va bien t'arriver quelque chose.

Vipérine : Ma vie est archinulle. Il ne se passe jamais rien. Pour trouver une héroïne, fallait passer plus tôt, quand ma *Wonder Sister* était encore de ce monde. C'est elle qui s'est tapé les douze travaux de l'hôpital. Moi, tout ce que j'ai fait, c'est regarder des dessins animés, en attendant qu'elle rentre à la maison. Malheureusement, il n'y a que mes parents qui sont revenus. Je m'en souviens encore. C'était le soir. Ils sont arrivés, blancs comme des draps, et juste à la façon dont ils m'ont pris dans leurs bras, j'ai compris. C'était fini. *Game over.*

Ta sœur est peut-être disparue, mais toi, tu es toujours là.

Vipérine : Elle était tellement belle, tellement courageuse, tellement tout, qu'il n'y a plus de comparaisons. C'était le soleil, et moi, je suis la nuit.

Mais je n'ai pas d'autre histoire à raconter.

Vipérine : Franchement, comme narrateur, vous n'êtes pas très malin.

Il doit bien y avoir une solution.

Vipérine : Comme de me laisser tranquille.

Le livre serait trop court.

Vipérine : On a qu'à laisser des pages blanches. Les gens écriront ce qu'ils veulent.

Pourquoi as-tu volé les cendres de ta sœur ?

Vipérine : C'est pas de vos oignons !

C'est parce que tu pensais à elle ?

Vipérine : Quoi ? ! Penser à elle, alors que tout ce que je veux, c'est l'oublier ! Même morte, on dirait que ma sœur est toujours là !

C'est alors que la silhouette d'une jeune fille flottant dans une robe en mousseline apparut au-dessus des quais. Son visage ovale exprimait la douceur et ses cheveux formaient une tresse tenue par un ruban brodé de fleurs bleues.

Vipérine : Pourquoi vous ne dites pas tout simplement que c'est le fantôme de ma sœur qui vient d'apparaître ? Ça va être plus clair pour les lecteurs.

Ça manquerait de détails.

Fée : J'ai bien aimé le ton de cette introduction.

Vipérine : Oh ! toi, la ferme !

Fée : On dirait que ma sœur est de mauvaise humeur.

Vipérine : Et laisse tomber tes rimes !

Fée : Pourquoi je m'en priverais, si c'est ce qu'il me plaît ?

Une morte qui fait des vers !
C'est si rare de nos jours.

Fée : Mais tellement plus joli. À qui ai-je l'honneur ?

Je suis celui qui raconte l'histoire.

Fée : Nous sommes-nous déjà rencontrés quelque part ?

C'est possible.

Vipérine : OK, les dictionnaires, on met sur pause ! D'un côté, nous avons un narrateur. De l'autre, une héroïne. C'est comme des biscuits et du lait, un *match* parfait ! Alors, continuez l'histoire ensemble et laissez-moi tranquille.

Fée : Même si te contredire paraît fort inconvenant, je ne vais pas te laisser pour suivre un inconnu.

Vipérine : Ce n'est pas un inconnu, c'est juste une voix.

Fée : Et si je te disais que cette voix m'effraie. Mais dis-moi tout d'abord, que fais-tu dans le port ? L'école est terminée ? Nos parents sont d'accord ?

Vipérine : Tu te prends pour qui ? La police ?

Fée : Ne me dis pas encore que tu désobéis. Père et Mère le sauront et tu seras punie.

Vipérine : Fallait que je règle une affaire personnelle.

Ça y est, je viens de comprendre !

Vipérine : Quoi donc ?

Pourquoi tu as volé les cendres.

Fée : Ai-je bien entendu ? Pourquoi m'as-tu enlevée ?

Vipérine : Quand on vole des cendres, on ne peut pas vraiment parler d'enlèvement.

Fée : Comment dit-on alors ?

On dit profanation...

Fée : Tu m'aurais profanée ? Ma sœur, la trahison !

Vipérine : Je n'ai rien fait de mal, OK !

Fée : Tu ajoutes le déni au crime qui t'accable !

Furieuse, Fée survola la pelouse en direction de Vipérine, qui recula.

Fée : Tu vas rendre cette urne ou je vais me fâcher.

D'un geste vif, Vipérine plongea la main dans son sac et sortit la boîte métallique.

Vipérine : Encore un geste et je répands tes cendres sur le caca de chien.

Fée : Quel caca de chien ?

Vipérine : Celui qui est là, dans le gazon.

Fée : Tu... Tu n'oserais quand même pas m'offrir en sacrifice à des restes canins ?

Vipérine dévissa le couvercle sous le regard incrédule de sa sœur.

Fée : Jamais je n'aurais cru qu'une si noble famille pût porter en son sein créature aussi vile !

Vipérine : Tout ce qu'il y avait de bon, c'est toi qui l'as reçu. Quand mon tour est venu, il ne restait plus que la méchanceté.

Fée : Honnie soit celle qui trahit sa famille !

Vipérine : Tout ça, c'est de ta faute !

Fée : Pardon !

Vipérine : Depuis que tu es partie, ma vie est un désastre !

Tournant le dos au fantôme, la jeune fille se laissa aller contre la rambarde. Fée glissa silencieusement vers elle.

Fée : Cambrioler mon urne n'est pas le seul remède pour réparer les torts que ma mort a causés.

Vipérine : C'est tout ce que j'ai trouvé.

Fée : Que voulais-tu en faire ?

Vipérine : La jeter dans l'eau.

Fée : Tu veux noyer une morte ?

Vipérine : Je sais, c'est pas génial.

Fée : C'est complètement loufoque !

Vipérine : J'accepte les suggestions.

Fée : Pour sortir du pétrin, trouve tes solutions.

Vipérine : Regardez la parfaite qui se décompose.

Fée : Vaut mieux être parfaite qu'agir comme une sotte.

Vipérine : Je suis peut-être une sotte, mais je ne suis pas morte !

Fée : Tais-toi !

Gonflé de colère, le fantôme doubla de dimension, écrasant la pauvre Vipérine contre la rambarde.

Fée : On dirait que pour toi, mourir est un caprice ! Je n'ai jamais voulu traverser ce supplice et désire encore moins rester sous cette forme.

Vipérine : Alors, pourquoi tu restes là ?

Fée : Parce que je suis coincée !

Retrouvant sa taille, Fée saisit le ruban noué dans ses cheveux. Vipérine remarqua qu'il plongeait jusqu'au sol et semblait courir dans l'herbe vers l'infini.

Fée : Quand j'ai quitté ce monde, j'ai traversé la nuit, où j'ai croisé des âmes qui cherchaient une porte. J'ai fait la même chose et j'ai trouvé la mienne. Mais quand j'ai voulu la traverser, quelque chose a coincé. J'ai alors remarqué que ce simple ruban m'empêchait d'avancer. J'ai rebroussé chemin en tirant sur ce lien et je suis arrivée au pied d'un arbre blanc.

Ta sœur est prisonnière de l'arbre aux rubans. Cet arbre légendaire trône au milieu du jardin de la mort. Des milliers de rubans s'entremêlent dans ses branches. Un ruban pour chaque défunt que les vivants refusent de quitter.

Vipérine : Pourquoi tu ne te détaches pas ?

Fée : J'ai beau tout essayer, je ne peux défaire le ruban.

Il n'y a que les vivants qui puissent dénouer les rubans.

Vipérine : Donc, en principe, je peux te libérer.

On n'entre pas au royaume des morts comme dans un moulin. Même moi, je n'ai pas le droit de raconter ce qu'il se passe là-bas.

Fée : Si tu veux bien m'aider, je pourrais t'y conduire.

Vipérine : À une seule condition.

Fée : Tout ce que tu désires.

Vipérine : Fini les rimes. À partir de maintenant, tu parles comme moi.

Fée : Oh ! Faire un tel sacrifice pour un simple service !

Vipérine : Comme tu veux...

Remettant l'urne dans son sac, Vipérine se leva et quitta la rambarde.

Fée : Attends ! Je... Je peux essayer.

Vipérine : Alors, marché conclu ! Bon, la mort, c'est de quel côté ?

Fée : Pour entrer dans la nuit, il te faut simplement accepter qu'une main te montre le chemin.

Vipérine : J'ai pas bien compris...

Fée : Prends ma main.

Vipérine saisit la main de Fée. Elle sentit aussitôt un froid mordant lui traverser le bras.

Fée : Bienvenue chez les morts.

Vipérine : Ça commence bien.

Avançant côte à côte, les deux sœurs traversèrent la frontière qui sépare les vivants et les morts. Quittant le monde matériel, elles marchèrent jusqu'aux abords de la vallée des ombres, première étape de cette odyssée de modeste format.

**Et c'est ici que je dois vous laisser,
car la suite des choses se déroulera dans
un lieu que je ne peux raconter.**

Chapitre trois

Dans la vallée des ombres

Vipérine : **Fée...**

Fée : **Quoi ?**

Vipérine : **Je n'entends plus le narrateur.**

Fée : **Il ne pouvait pas nous suivre.**

Vipérine : **Il fait vraiment noir.**

Fée : **Ne t'inquiète pas. Je sais où je vais.**

Vipérine : **Fée...**

Fée : **Quoi ?**

Vipérine : **Je suis contente de ne pas être là toute seule.**

Fée : **Ça faisait longtemps qu'on n'avait pas parlé ensemble.**

Vipérine : **Ça doit être parce que j'en avais moins besoin.**

Fée : **Ne dis pas de bêtises. On a toujours besoin d'une grande sœur.**

Vipérine : **Fée...**

Fée : **Quoi ?**

Vipérine : **On dirait que les couleurs ont disparu.**

Fée : **C'est normal. Nous sommes dans la vallée des ombres. N'arrête pas de marcher.**

Vipérine : **Je n'imaginais pas que les morts cultivaient des fleurs.**

Fée : **Elles se défont dès qu'on les cueille.**

Vipérine : **C'est comme de la cendre !**

Fée : **Tout le paysage n'est qu'une imitation.**

Vipérine : **Trop marrant.**

Vipérine : **Fée...**

Fée : **Quoi ?**

Vipérine : **Pourquoi on marche si vite ?**

Fée : **Il ne faut pas qu'il te repère.**

Vipérine : **Qui ça ?**

Fée : **Le chien, celui qui a trois têtes.**

Vipérine : **Fée...**

Fée : **Quoi ?**

Vipérine : **Il y a vraiment un gros molosse qui me cherche, je veux dire, avec des crocs, de la bave et tout ça ?**

Fée : **C'est lui qui doit empêcher les vivants de passer. D'ailleurs, si sa première tête te voit, elle te tuera d'un coup sec. Par contre, si c'est l'autre qui t'aperçoit, elle t'emprisonnera dans sa gueule et te broiera lentement entre ses deux mâchoires. Mais la troisième tête est la plus terrifiante. Elle ne fera que plonger son regard dans ton âme provoquant de telles souffrances que tu te tueras toi-même.**

Vipérine : **Pourquoi tu ne m'as pas dit ça avant ?**

Fée : **À quoi tu t'attendais du royaume des morts ?**

Vipérine : **À tout sauf de me faire dévorer !**

Fée : **Je n'ai jamais dit que ça serait facile.**

Vipérine : **Ça manquait de détails !**

Fée : **Tu ne vas quand même pas me laisser tomber !**

Vipérine : **Oh que si ! Allez hop, la princesse, direction la maison.**

AHOUAHOUWOUAF

WOUAF WOUAHOU

UAHOU WOUAF

WOUAF WOUAF

Vipérine : **C’est un cauchemar !**

Fée : **Le chien a flairé ton odeur.**

Vipérine : **C’est trop tard !**

Fée : **Viens ! Il faut rejoindre la forêt. Là-bas, nous pourrons nous cacher.**

Pendant ce temps, le père courait à travers la ville. Il courait sans savoir où aller. Dans quelle rue, quelle ruelle ou quel parc il fallait la chercher ? Il courait en énumérant dans sa tête tous les lieux où sa fille aurait pu se cacher. Il courait pour échapper au vide qui s'ouvrait sous ses pieds. Un vide noir et immense prêt à l'engloutir. Il courait en essayant de ne pas penser. Ne pas penser. Ne pas penser. Simplement fonctionner. Simplement respirer. Respirer, respirer… La sonnerie de son portable résonna dans sa poche.

Policier : Monsieur Cantin ?

Père : C'est moi.

Policier : Sergent Cossette à l'appareil.

Père : Vous l'avez trouvée ?

Policier : Non, malheureusement.

Père : Je suis mort d'inquiétude.

Policier : On fait tout notre possible.

Père : Vous êtes sur une piste ?

Policier : Justement, monsieur Cantin, j'aurais aimé vous poser quelques questions pour nous aider dans notre enquête.

Père : Demandez-moi ce que vous voulez.

L'agent fit une légère pause, comme s'il consultait ses notes.

Policier : Auriez-vous remarqué un changement d'attitude chez votre fille récemment ?

Père : Non...

Policier : Pas de nouvelles fréquentations ?

Père : Non plus...

Policier : Auriez-vous eu une altercation avec elle ?

Père : Quel type d'altercation ?

Policier : Discipline, dispute, ce genre de chose.

Père : Non, vraiment, je ne vois pas.

L'agent fit une nouvelle pause, pour réfléchir cette fois.

Policier : La directrice de l'école m'a dit que c'est vous qui aviez la garde de votre fille, présentement.

Père : Normalement, j'ai un temps partagé avec sa mère, mais en ce moment, elle est en voyage.

Policier : C'est ce qui m'amène à ma prochaine question. D'après vous, monsieur Cantin, pourquoi votre fille aurait choisi de fuguer maintenant ?

Le père sentit sa gorge se nouer.

Père : Qu'est-ce que vous voulez dire ?

Policier : Tout ce que vous me direz pourra nous aider dans nos recherches.

Père : Je ne comprends pas ?

Policier : Chaque minute qui passe réduit statistiquement nos chances de la retrouver.

Père : Monsieur, ma fille allait très bien jusqu'à ce matin et j'ignore pourquoi elle a fait ça !

Policier : Dans ce cas, vous n'avez pas objection à ce que je contacte les autres membres de la famille ?

Père : Absolument pas !

Policier : On vous appelle dès qu'il y a du nouveau.

Père : Attendez !

Le policier avait déjà raccroché. Ahuri, le père de Vipérine jeta son portable au fond de sa poche et se remit à courir.

Chapitre quatre

La forêt d'ossements

Fée : **Par ici. Vite. Cache-toi.**

Vipérine : **Qu'est-ce qui pue comme ça ?**

Fée : **C'est la forêt qui sent mauvais.**

Vipérine : **Je refuse d'entrer là-dedans !**

Fée : **Va te mettre à l'abri des arbres !**

Vipérine : **C'est pire qu'un dépotoir...**

Fée : **L'odeur empêchera le chien de te flairer.**

Vipérine : **La terre… La terre bouge.**

Fée : **Ce sont des larves.**

Vipérine : **Il y en a partout !**

Fée : **Tiens-toi aux branches si tu ne veux pas tomber.**

Vipérine : **Même l'écorce est pourrie !**

Fée : **C'est des lambeaux de peau. En fait, les troncs sont faits de tibias, les branches, d'humérus, et les rameaux, de doigts.**

Vipérine : **Qu'est-ce qui bourgeonne au bout des branches ?**

Fée : **Des crânes, mais ce n'est pas la saison.**

Vipérine : **Quand ils sont mûrs, vous en faites quoi ? Des confitures ?**

Fée : **Quand les crânes mûrissent, ils s'écrasent et pourrissent. On ne peut rien manger ici, tout est empoisonné.**

Vipérine : **Rappelle-moi pourquoi je suis là, déjà ? Ah ! oui, pour sauver ma famille. C'est vraiment n'importe quoi.**

Fée : **Pourquoi tu dis ça ?**

Vipérine : Parce qu'il est déjà trop tard. Maman est partie. Nouveau travail, plus de mari.

Fée : **Pourtant, elle aime encore Papa.**

Vipérine : **Comment tu le sais ?**

Fée : **Elle m'en parle quand je vais la voir dans ses rêves.**

Vipérine : **Papa, lui, qu'est-ce qu'il te dit ?**

Fée : **Papa ne me dit rien.**

Vipérine : **Tu ne vas pas le voir dans ses rêves ?**

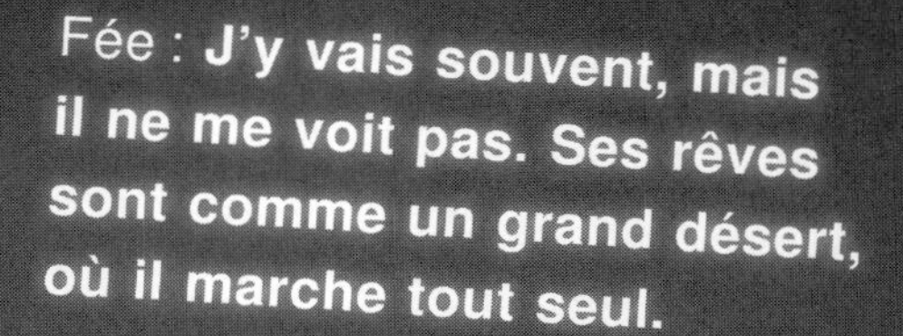

Fée : **J'y vais souvent, mais il ne me voit pas. Ses rêves sont comme un grand désert, où il marche tout seul.**

Vipérine : **Pourquoi je suis surprise...**

Fée : **Tu es vraiment dure avec lui.**

Vipérine : **Ce n'est pas de ma faute si papa est un imbécile !**

Fée : **Il est seulement triste.**

Vipérine : **Je déteste cet endroit.**

Fée : **Tu préfères te faire dévorer ?**

Vipérine : **Tu crois que je vais m'en sortir ?**

Fée : **Je vais tout faire pour te protéger.**

Vipérine : **C'est vrai, j'ai une *Wonder Sister*.**

Fée : **Arrête de te moquer...**

Fée : **C'était égoïste de t'amener ici.**

Vipérine : **C'est le seul moyen de te libérer.**

Fée : **Si tu détaches mon ruban, je ne pourrai plus venir te voir. Moi aussi, je vais t'abandonner.**

Vipérine : **Toi, c'est différent. Je veux que tu t'en ailles.**

Fée : **Pourquoi ?**

Vipérine : **Pourquoi quoi ?**

Fée : **Pourquoi veux-tu que je m'en aille ?**

Vipérine : **Sais-tu quel âge tu as ?**

Fée : **J'ai onze ans.**

Vipérine : **Et sais-tu quelle date on est ?**

Fée : **Non.**

Vipérine : **On est le 7 mai.**

Fée : **C'est le jour de ton anniversaire**

Vipérine : **Aujourd'hui, j'ai douze ans.**

Fée : **Et ça change quoi ?**

Vipérine : **Ça change qu'à partir de maintenant, ça va être moi la plus grande. Je vais devenir une ado et une adulte, mais toi, tu ne changeras jamais. Tu comprends ? Je ne veux pas prendre ta place. Je ne veux pas vivre pour deux. Je veux seulement être moi. Tu comprends ?**

Vipérine : **Fée ?**

Fée : **On n'entend plus le chien. Le danger est passé.**

Vipérine : **Est-ce que tu comprends ?**

Fée : **Nous pouvons continuer à suivre le chemin.**

Vipérine : **Fée...**

Fée : **Tu en as dit assez. La mission que tu portes, tu dois la terminer. Allons tuer la morte.**

Les heures tournaient. Ses recherches n'avaient rien donné. Malgré l'inquiétude qui l'habitait, le père sentit l'épuisement l'envahir. À contrecœur, il reprit le chemin de la maison. Comme il s'y attendait, les lieux étaient vides. Aucun signe de sa fille ni dans sa chambre ni dans la cuisine ou dans le salon. Il tourna en rond en essayant de se remémorer les gestes qu'elle avait faits le matin avant de partir. « Elle a forcément dû faire quelque chose de différent ! » Soudain, il se rappela qu'elle lui avait demandé de l'attendre pour aller prendre « un truc super important ». Quelle pouvait bien être cette chose ? Un livre, un vêtement ? S'il pouvait l'identifier, il trouverait peut-être un indice pour orienter ses recherches.

La sonnerie de son portable l'arracha à ses pensées. Il prit l'appareil, avec soulagement. « C'est sûrement la police qui m'appelle pour me dire qu'ils l'ont retrouvée ! » Au lieu de cela, l'appareil lui transmit un vacarme assourdissant, un chahut fait de cris, de tambours, de klaxons et de chants. Derrière ce tintamarre, il distingua la voix d'une femme qui l'appelait de l'autre côté de la terre.

Mère : Allô… Philippe… C'est Brigitte.

Père : Parle plus fort, j'entends très mal…

Mère : C'EST BRIGITTE ! Tu sais, ton ex, la maman de tes filles. Tu m'entends ?

Père : Il y a de la friture sur la ligne.

Mère : Mon taxi traverse une fête en l'honneur d'une déesse, ou quelque chose comme ça. Attends, je vais demander au chauffeur de fermer les fenêtres.

Le père prit une profonde respiration. La conversation n'allait pas être de tout repos. Le vacarme diminua.

Mère : Bon, Philippe, la police vient de m'appeler pour me poser des questions à propos de Violette.

Père : Je sais.

Mère : Qu'est-ce qu'il arrive ?

Père : Il arrive... il est arrivé que j'ai perdu Violette.

Mère : Quand pensais-tu m'appeler pour me le dire ?

Père : Calme-toi, Brigitte.

Mère : Ma fille est portée disparue et tu veux que je me calme ? !

Père : C'est aussi ma fille, je te rappelle !

À l'autre bout du fil, la mère de Vipérine fit de gros efforts pour conserver un ton posé.

Mère : Où es-tu ?

Père : À la maison.

Mère : Qu'est-ce que tu fais à la maison ?

Père : Ben, je la cherche, qu'est-ce que tu crois ? !

Mère : Pourquoi elle a fait ça ?

Père : Je ne sais pas.

Mère : Qu'est-ce qu'il s'est passé ?

Père : Je ne sais pas.

Mère : On va tirer tout ça au clair. Mon taxi me conduit à l'aéroport. Je vais sauter dans le premier avion pour rentrer à la maison.

Père : Ce n'est pas nécessaire.

Mère : Je vais me fier à mon jugement pour savoir ce qui est nécessaire et ce qui ne l'est pas, veux-tu !

Elle avait raison. Il avait échoué. Le père sentit le vide l'envahir, pendant que ses dernières forces l'abandonnaient.

Père : OK, vas-y, dis-le.

Mère : Dire quoi ?

Père : Que c'est de ma faute si elle s'est enfuie.

Mère : Je n'ai jamais dit ça.

Père : Elle a fait comme toi.

Mère : Je ne me suis pas enfuie.

Père : Ben oui, c'est ça.

Mère : J'avais besoin de me retrouver.

Père : C'est drôle que tu te « retrouves » à l'autre bout du monde. Je ne comprends pas, Brigitte. J'ai toujours fait tout ce qu'il fallait. Je travaille comme un malade, je m'occupe de tout. Qu'est-ce que je peux faire de plus ?

Mère : C'est plus compliqué que ça !

Père : Pourquoi je me retrouve toujours tout seul ?

Mère : Justement, tu n'es pas tout seul.

Père : Je ne comprends pas ce que tu veux dire.

Mère : C'est pour ça qu'elle s'est enfuie.

Malgré l'urgence de la situation, leur conversation reprenait un chemin étrangement familier. Peu importe l'enjeu, ils rejouaient toujours la même scène.

Père : Bon, je ferais mieux de continuer à chercher Violette plutôt que de perdre mon temps au téléphone.

Mère : C'est ça, fin de la discussion ! Je te préviens dès qu'il y a du nouveau.

Elle coupa la communication. Furieux, l'homme tourna plusieurs fois autour de la table du salon pour retrouver son calme, mais il ne parvint qu'à s'étourdir, et chercha un appui pour ne pas tomber. Machinalement, il posa la main sur l'urne, mais ne saisit que le vide. L'objet avait disparu. « Elle n'a quand même pas osé... » Paniqué, le père attrapa son portable et composa le numéro de son ex-femme. L'appareil lui transmit un énorme barrissement !

Père : Allô, Brigitte, c'est toi ?

Mère : J'entends très mal, qui est à l'appareil ?

Père : C'EST PHILIPPE, tu sais, ton ex, celui qui perd tes filles.

Mère : Parle plus fort. Je suis derrière une parade d'éléphants.

Ignorant l'absurde de la situation, le père hurla.

Père : As-tu déjà parlé à Violette d'un endroit où tu aurais aimé disperser les cendres de Fée ?

Mère : Une fois, on était sur la promenade des quais. J'ai dit que j'aurais aimé que l'eau l'emporte pour qu'elle puisse voyager, ou quelque chose comme ça. Pourquoi tu me demandes ça ?

Père : Parce que l'urne a disparu.

Mère : Tu penses que c'est Violette qui l'a prise ?

Père : Je t'appelle dès qu'il y a du nouveau.

Mère : Attends !

Le père éteignit son portable
et sortit de la maison en courant.

Chapitre cinq

Le jardin de la mort

Vipérine : **Fée !**

Vipérine : **Fée... Ce n'est pas drôle... Je t'en prie, montre-toi...**

Vipérine : **Fée... ?**

Fée : **Je suis là.**

Vipérine : **Ah !**

Fée : **Ça va ?**

Vipérine : **Tu m'as fait peur.**

Fée : **Désolée.**

Vipérine : **Où est-ce qu'on est ?**

Fée : **Tu vois les grilles là-bas ?**

Vipérine : **C'est notre destination ?**

Fée : **Oui.**

Vipérine : **C'est quoi ce bruit ?**

Fée : **Ce sont des âmes qui cherchent leur porte.**

Vipérine : **Tu es sûre qu'il n'y a pas de danger ?**

Fée : **Tu peux me faire confiance...**

AHOUUUUUUU

HAOU HAOU

Vipérine : **Désolée de te contredire.**

Fée : **Reste tranquille !**

Vipérine : **On voit que ce n'est pas toi qui vas te faire dévorer !**

Fée : **Tais-toi !**

Vipérine : **C'est trop tard !**

Fée : **À mon signal, tu vas courir.**

Vipérine : **Pour aller où ?**

Fée : **Va jusqu'aux grilles. Tu vois la colline derrière ?**

Vipérine : **Oui.**

Fée : **L'arbre est tout en haut.**

Vipérine : **Toi, qu'est-ce que tu vas faire ?**

Fée : **Je vais retenir le chien.**

Vipérine : **Tu es sûre d'être capable ?**

Fée : **Ne suis-je pas ta *Wonder Sister* ?**

Vipérine : **Ce n'est pas le moment de faire des blagues !**

Fée : **Non, c'est le moment de courir. Vas-y, maintenant ! Cours ! Cours aussi vite que tu le peux et ne te retourne pas !**

WOUAF WOUARRRG

Fée : **Calme-toi. Nous ne sommes pas ennemis. La nuit veille sur moi et la mort suit son cours.**

GRRRR... GRR...

Fée : **Calme-toi. Calme. Je sais que ta faim est immense, mais il n'y a rien ici pour toi.**

Guidée par le reflet des grilles, Vipérine franchit le portail et traversa l'allée sans remarquer les arabesques formées par les buissons de ronces vénéneuses ni l'explosion de couleurs qu'exhibaient les fleurs carnivores. Elle fila tout droit et gravit la colline pour arriver au pied de l'arbre blanc. À bout de souffle, elle contourna le tronc massif en observant la nuée de rubans qui flottaient lentement dans ses branches. Elle reconnut un ruban qui dansait dans le vent silencieux et sut que c'était celui qu'elle devait détacher. C'est alors qu'elle s'écria :

Vipérine : **Qu'est-ce que vous faites là ?**

Ah non !
Tu ne vas pas encore me
demander d'arrêter l'histoire !!!

Vipérine : **Non, mais c'est vous qui avez dit qu'on ne pouvait pas raconter ce qui se passe ici ?**

J'ai quand même le droit
de t'accueillir dans mon jardin.

Vipérine : **C'est ici que vous habitez ?**

C'est même moi qui
ai planté cet arbre.

Vipérine : **Ça veut dire que c'est vous, la mort ?**

En quelque sorte.

Vipérine : **Pourquoi c'est la mort qui raconte mon histoire ?**

Parce que j'en fais partie. La mort n'est qu'une conclusion. Pour que la fin puisse exister, il lui faut d'abord une histoire. C'est logique, non ?

Vipérine : **Je dois être trop jeune pour comprendre.**

De toute manière, c'est sans importance. Le principal, c'est que tu sois arrivée jusqu'à l'arbre aux rubans.

Vipérine : **C'était trop facile.**

Et tu penses être capable de grimper jusque là-haut ?

Vipérine : **Vous pourriez me faire la courte échelle ?**

Si je te touchais, tu mourrais sur-le-champ. N'oublie pas qui je suis.

Vipérine : **C'est bon, je vais me débrouiller**

S'agrippant à l'écorce noueuse avec agilité, la jeune fille commença l'ascension. Elle atteignit bientôt la couronne des rubans et se hissa sur la branche.

Comment peux-tu être sûre que c'est le bon ruban ?

Vipérine : **Intuition féminine.**

Vraiment ?

Vipérine : **C'est le ruban à fleurs bleues. Ma sœur a le même dans les cheveux. Je suis peut-être sotte, mais pas aveugle.**

Ce n'est pas trop haut pour toi ?

Vipérine : **Ça va, j'ai l'habitude.**

Malgré son assurance, Vipérine sentit que son perchoir ne pourrait pas supporter très longtemps le poids d'une vivante. Courageusement, elle s'avança le long de la branche pour saisir le ruban...

Tu es sûre que c'est assez solide ?

Vipérine : **Arrêtez de me parler. Vous me déconcentrez !**

On dirait qu'elle va craquer.

Vipérine : **Ça y est, je l'ai.**

Mais ce qui devait arriver arriva. À l'instant où Vipérine attrapa le ruban, la branche de l'arbre blanc céda, entraînant dans sa chute la jeune fille qui disparut dans l'obscurité.

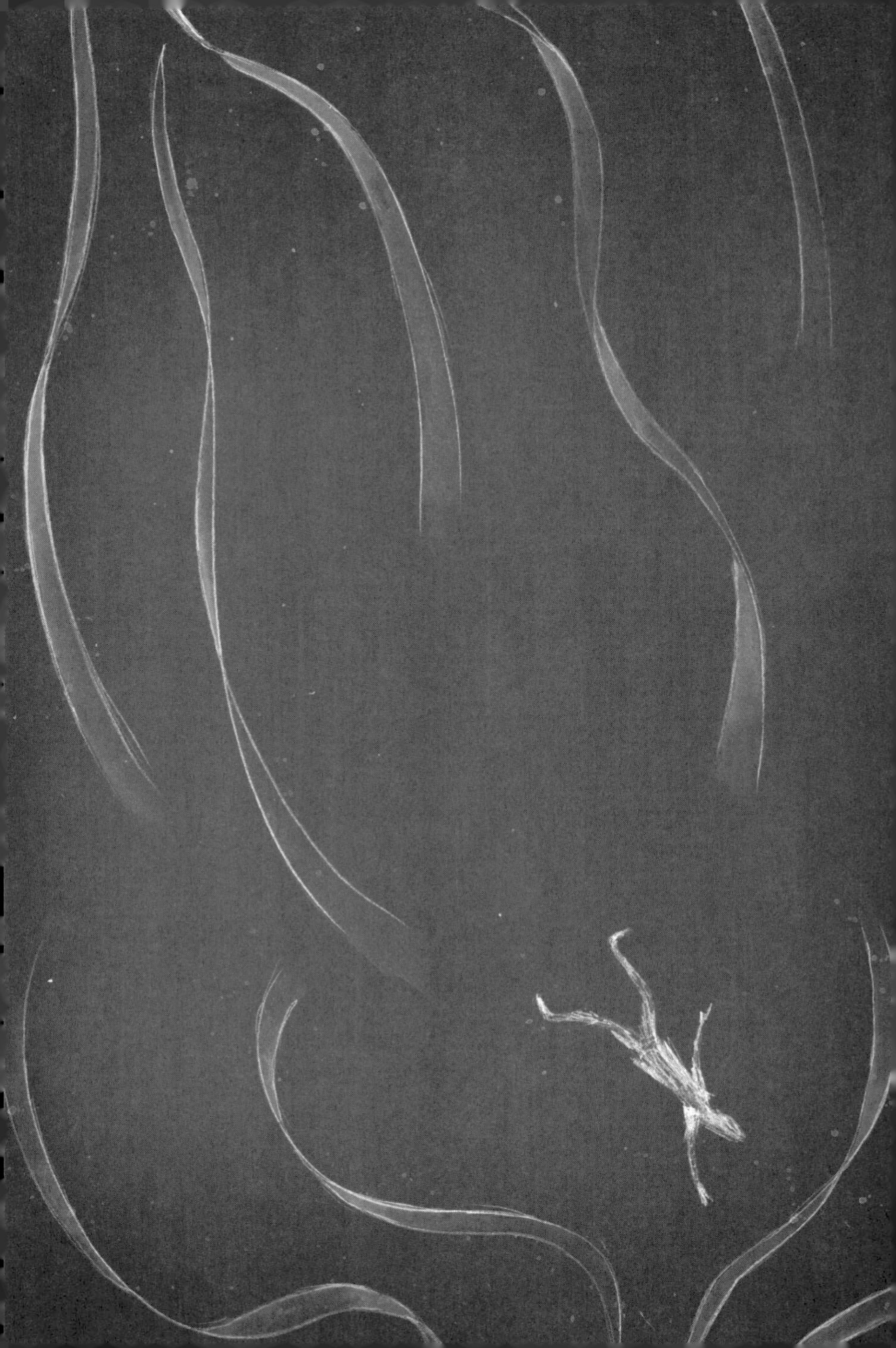

Chapitre six

Le ruban fleuri

« Bon sang, où peut-elle bien être ? ! » Le père descendit à grands pas l'allée qui menait aux quais. Arrivé près de la rambarde, il aperçut la silhouette de sa fille étendue dans l'herbe. Son sang ne fit qu'un tour. Il se précipita vers elle et vérifia ses signes vitaux. Son visage était pâle, mais elle respirait. « Ma parole, on dirait... qu'elle dort ! » Consterné, il prit Vipérine dans ses bras. La jeune fille ouvrit les yeux, mais fut secouée d'un horrible tremblement.

Vipérine : Je ne veux pas mourir ! Je ne veux pas mourir !

Père : Ça va... Calme-toi, je suis là. Il n'y a plus de danger...

En reconnaissant la voix, Vipérine poussa un immense soupir de soulagement.

Vipérine : Oooh papa ! J'ai vraiment eu peur !

Se laissant aller contre lui, elle sentit sa chaleur envahir son corps. En la serrant dans ses bras, l'homme fut submergé par l'immense amour qu'il vouait à sa fille.

Père : Qu'est-ce qui t'a pris ? Pourquoi tu es partie ? Pourquoi tu as fait ça ? À quoi tu as pensé ? J'étais mort d'inquiétude. Tu veux que je meure, c'est ça ? Dis-le : Papa, je veux que tu meures.

Vipérine : Écoute, Papa, je vais t'expliquer...

Autoritaire, il lui imposa le silence.

Père : C'est toi qui vas m'écouter ! Aujourd'hui, j'ai couru aux quatre coins de la ville en imaginant le pire, et tout ça pourquoi ? Pour rien ! À partir de maintenant, je veux que tu arrêtes les bêtises.

Je ne veux plus que l'école m'appelle. Je ne veux plus d'aventures, plus de problèmes ! Est-ce que tu m'as compris ?

Vipérine : Oui.

Père : Est-ce que tu m'as compris ?

Vipérine : OUI, PAPA, J'AI COMPRIS !

Se faire gronder après tout ce qu'elle avait traversé, voilà bien le comble de l'injustice. Mais comment expliquer son voyage ? Toutes ses péripéties avaient-elles vraiment existé ? Son père la remit sur ses pieds.

Père : Maintenant, il faut que je rappelle la ville au grand complet pour les prévenir que je t'ai retrouvée.

Joignant le geste à la parole, le père prit son portable. Vipérine avait du mal à accepter que tout ce qu'elle avait vécu n'avait été qu'un rêve. Le fantôme, le chien, le jardin, la mort, se pouvait-il que tout cela n'ait été que le fruit de son imagination ? Lasse, elle desserra les poings. C'est alors qu'elle sentit quelque chose glisser entre ses doigts. Stupéfaite, elle fixa le sol. Dans l'herbe, à ses pieds, gisait le ruban brodé de fleurs bleues !

Le père consultait le répertoire de son portable quand l'appareil se mit à sonner. Spontanément, il répondit, mais la voix qu'il entendit lui fit l'effet d'une douche froide.

Patron : Allô, Philippe ? C'est le bureau.

La réunion, le contrat, le client… Il avait tout oublié pour se lancer dans ses recherches.

Patron : Où est-ce que tu es ?

Père : C'est difficile à expliquer.

Patron : Plus difficile que d'expliquer à ton client pourquoi tu étais absent ?

Père : J'arrive dès que je peux.

Patron : C'est inutile. Il est reparti.

Le père se cogna le front contre la rambarde. Cette horrible journée n'aurait-elle jamais de fin ?

Père : Je vais tout arranger.

Patron : La question, c'est quand ?

Père : Le plus vite possible.

Patron : Ça veut dire « maintenant » ou « plus tard » ?

Père : Ça veut dire peut-être plus tard que maintenant, mais sûrement pas trop tard. Ça va comme réponse ?

Patron : Non. Ça ne va pas. C'est même plutôt le contraire. J'ai une équipe qui attendait que le client signe le contrat pour bosser. Alors, tu arrêtes de courir comme une poule sans tête et tu ramènes tes fesses ici MAINTENANT pour faire ce pour quoi on te paye.

Père : C'est impossible.

Patron : Pourquoi ?

Père : Je dois m'occuper de ma fille.

Patron : Mais on s'en fout de ta fille !

Le visage du père devint rouge.

Père : Je crois que j'ai mal entendu...

Patron : Et moi, je crois que tu dois revoir tes priorités.

Père : Vous me demandez de choisir entre ma fille et mon travail ?

Patron : Moi, je ne te demande rien, mais si tu perds ce contrat, il n'y aura pas de deuxième chance. Le bureau comptait sur toi et tu fous tout en l'air parce que ta fille fait des caprices. Si en plus tu l'encourages, ben alors là, mon vieux, tu n'as pas fini de courir...

S'emportant, le père lança l'appareil par-dessus la rambarde. Le téléphone fit un long vol plané avant de couler à pic dans le fleuve.

Vipérine : J'ai bien vu ce que je viens de voir ?

Père : Oui, bon, ça va...

Vipérine : Tu viens de noyer ton portable !

Père : Dans la vie, il faut parfois revoir ses priorités.

Vipérine avança vers son père en tenant le ruban fleuri.

Vipérine : Tu peux m'attacher les cheveux ?

Père : Je ne crois pas que ce soit le moment...

Vipérine : C'est une PRIORITÉ !

L'homme soupira et saisit le ruban. Au contact du tissu, il ressentit un léger picotement au bout des doigts. Puis soudain, il sentit le vide l'aspirer. En une fraction de seconde, il se retrouva cerné par l'obscurité. Refusant de céder à la panique, il tenta de s'orienter maladroitement. C'est alors qu'il perçut une voix qui l'appelait dans la nuit.

Fée : **Papa…**

Père : **Qui m'appelle ?**

Fée : **Tu peux m'entendre ?**

Père : **Fée ?**

Fée : **J'ai besoin de toi.**

Père : **Prends ma main, je vais te ramener.**

Fée : **Non, Papa.**

Père : **Reste avec moi.**

Fée : **Je dois partir.**

Père : **On peut encore se battre.**

Fée : **J'ai essayé. Je te jure. J'ai fait tout ce que j'ai pu, mais je suis fatiguée.**

Père : **Tais-toi.**

Fée : **Non, Papa. Laisse-moi partir. C'est la dernière chose que je demande.**

Fée : **Détache-moi.**

Père : **Je ne peux pas.**

Père : **Je ne peux pas. Je ne peux pas...**

JE NE PEUX PAS
JE NE PEUX PAS
JE NE PEUX PAS

WOUAF WOUAHOU
WOUAF WOUAHOU

Le ruban glissa des mains du père et tomba sur le sol. Vipérine contempla le visage impassible de son père qui semblait perdu dans ses pensées. Des larmes coulaient le long de ses joues.

Vipérine : Papa ?

Père : Quoi ?

Vipérine : Tu as vu Fée ?

Père : Oui.

Vipérine : Est-ce qu'elle est libre ?

Père : Je... Je ne crois pas.

Tous ces efforts pour rien ! De toute évidence, il n'y avait plus qu'une seule solution. Vipérine ouvrit son sac d'école et sortit l'urne qu'elle déposa avec conviction entre les mains de son père en lui ordonnant :

Vipérine : Va verser les cendres de Fée dans l'eau.

L'homme fixa l'objet entre ses mains.

Père : Je ne peux pas faire ça.

Vipérine : Et moi, je ne peux pas vivre avec toi, si tu refuses de la laisser partir. Alors, fais quelque chose ou bien c'est moi qui vais te quitter !

Déconcerté, le père bafouilla.

Père : Mais… Si je fais… Qu'est-ce que ta mère va dire ?

Vipérine : On peut lui demander la permission ?

Père : Bien sûr, je peux l'appeler…

Il fouilla dans ses poches sans trouver son téléphone.

Vipérine : Tu viens de le jeter à la flotte.

Père : Ah… Ça, c'est vraiment bête. Bon ben alors, on peut rentrer à la maison…

Vipérine : Attends ! J'ai une autre solution !

La jeune fille se tourna en murmurant…

Vipérine : Psst… Vous pouvez me filer un coup de main ?

Hélas, il n'y avait aucune autre présence sur les quais, mis à part quelques mouettes nichées sur les mâts.

Vipérine : Hé ! C'est à vous que je parle. Ne faites pas semblant de ne pas m'avoir comprise.

Je crois que le moment est mal choisi pour arrêter l'histoire.

Vipérine : Justement, pour continuer l'histoire, j'ai vraiment besoin d'un téléphone. Comme vous êtes le narrateur, vous ne pourriez pas en faire apparaître un.

Tu te doutes bien que je n'ai pas le droit de faire ça.

Vipérine : Allez, soyez chic. Je ne dirai rien à personne. De couleur rose, s'il vous plaît.

Bon, bon, d'accord...

La jeune fille se retourna et vit... un portable oublié par hasard sur un banc. Elle s'en empara.

Vipérine : Je n'ai pas le mot de passe.

Il n’y en a pas.

Vipérine : Super ! Merci.

Vipérine composa le numéro de sa mère. L’appareil lui transmit le murmure d’une foule.

Vipérine : Allô, maman ?

Mère : Chérie, c’est toi ? Tu vas bien ?

Vipérine : Très bien.

Mère : Ton père est avec toi ?

Vipérine : Oui, on s’est retrouvés. Mais toi, tu es où ?

Mère : Je ne sais plus, chérie. Je crois que mon taxi s’est perdu. Nous sommes devant un temple, et il y a plein de gens qui chantent. Oh, j’ai tellement hâte de te retrouver pour te raconter tout ce que j’ai vu.

Vipérine : Moi aussi, maman. J’ai plein de choses à te raconter. Mais là, maintenant, je dois te demander un truc vraiment bizarre, mais super important.

La jeune fille prit une grande respiration avant de poursuivre.

Vipérine : Pour ma fête, je veux libérer Fée, alors je voulais te demander si ça ne te dérangeait pas trop si on versait ses cendres dans le fleuve, sans toi.

Mère : Je suis d'accord, chérie.

Surprise, Vipérine hésita :

Vipérine : Tu... Tu es vraiment certaine que ça ne te dérange pas ?

Mère : Absolument, chérie. Je dois te dire un secret. Moi aussi, j'ai eu besoin de libérer Fée, mais je savais que ton père n'était pas encore prêt. Alors, j'ai pris un peu de ses cendres avec moi et je les ai dispersées dans tous les pays que j'ai visités.

Le père s'approcha, curieux.

Père : Qu'est-ce qu'elle raconte ?

Vipérine : Elle dit qu'elle est d'accord.

Père : Ah bon ?

Il parut déconcerté.

Vipérine : Maman, tu restes en ligne ?

Mère : Bien sûr, chérie.

La jeune fille pointa l'appareil en direction de son père.

Père : Qu'est-ce que tu fais ?

Vipérine : Maman nous écoute.

Père : C'est complètement débile !

Une voix menaçante jaillit du portable.

Mère : Attention, Philippe, j'entends tout ce que tu dis !

Père : OK, Brigitte, te fâche pas.

Mère : Va verser les cendres.

Malgré ses résistances, le père s'avança jusqu'à la rambarde et ouvrit le couvercle de l'urne, mais ses mains se mirent à trembler. Vipérine s'approcha de lui.

Vipérine : Tu veux qu'on le fasse ensemble ?

Père : D'accord.

La jeune fille posa doucement la main sur celle de son père et inclina la boîte. Les cendres glissèrent dans l'eau et furent emportées par le courant.

Vipérine : Au revoir, petite sœur.

C'est ainsi que les eaux noires du fleuve entraînèrent la sœur de Vipérine vers un autre voyage, mais ça, croyez-moi, c'est une autre histoire.